PRECIS HISTORIQUE

SUR LE

REGIMENT D'AUVERGNE,

Depuis sa création jusqu'à présent.

PRÉCÉDÉ

D'UNE EPITRE

AUX MANES

DU BRAVE CHEVALIER

D'ASSAS.

In magnis tentare sat est.

Par M. L***, *ancien Soldat au Régiment.*

A CLOSTERCAMP.

M. DCC. LXXXIII.

A MONSIEUR
LE VICOMTE
DE LAVAL-MONTMORENCY,

Colonel du Régiment d'Auvergne,

ET A MESSIEURS
LES OFFICIERS DU CORPS.

MESSIEURS,

Vous m'avez permis de vous dédier un Ouvrage qui retrace à la Nation, & à tout notre Corps Militaire, l'héroïsme d'un Officier du Régiment, que quelques-uns de vous ont connu.

On peut le citer pour exemple aux plus jeunes de vous, MESSIEURS, qui n'ont qu'entendu parler du Chevalier d'ASSAS.

Ce ne sont que de semblables modèles qu'il faut offrir à des Officiers François, à toute notre Noblesse.

Les faits Nationaux passés sous nos yeux, valent bien ceux des Anciens.

Vous êtes tous, MESSIEURS, ainsi que les Officiers de chaque Corps, des Héros nés. Il n'en est pas un seul à qui il ne manque que l'occasion.

L'action du Chevalier d'Assas a été trop peu connue.

Long-temps ignorée, Monsieur le Prince de Montbarrey l'a fait revivre sous son Ministère.

On en fit une Gravure imparfaite, au moins nous rappelle-t-elle la mémoire d'un Héros. Louis XV & Louis XVI l'honorerent.

Que ne peut-on s'exprimer comme on sent !

Soyez indulgents, MESSIEURS, le Public le deviendra.

Heureux, si ma production, inférieure au sujet, peut vous esquisser le très-vif attachement que je porterai toujours au Régiment, & vous être la preuve de toute l'étendue de ma reconnoissance pour le Corps de Messieurs les Officiers, dont les bontés & les égards pour moi étoient sans bornes.

Je suis avec respect,

MESSIEURS,

Votre très-humble & très-obéissant Serviteur,

L * * *.

EPITRE
AUX MANES
DU BRAVE CHEVALIER
D'ASSAS,

Tué à Clostercamp la nuit du 15 au 16 Octobre 1760.

LAVAL (1), toi le soutien du nom de tant d'ayeux,
Qui dans les champs de Mars te distinguas comm'eux ;
Qui, comm'eux, devançant la lenteur des années,
Jeune, fis pressentir tes hautes destinées.
Toi que, pour remplacer & *Contade* (2), & *Duras* (3),
Chatelus (4), *Rochambeau* (5), sous qui servit d'Assas,

---

(1) Le Vicomte de Laval-Montmorenci, Colonel actuel du Régiment d'Auvergne.
(2) Le Maréchal de Contade, ancien Colonel d'Auvergne.
(3) Le Maréchal Duc de Duras, *idem.*
(4) Le Comte de Chatelus, *idem.*
(5) Le Comte de Rochambeau, *idem.*

Et *Champagne* (1), après eux , qui pour croître fa gloire
Vint commander un Corps chéri de la Victoire ;

Toi que ton Roi choifit pour premier des témoins
De ce que peut Auvergne. Eh ! doit-il pouvoir moins ?
Auvergne qui toujours au nom de la Patrie
Se couronna de gloire en prodiguant fa vie.

Que d'exemples, Laval ! quel Corps à commander !
Quelle noble carrière ! il faut encor l'orner.

Auvergne de Contade en comblant l'efpérance
Lui mérita le nom de Maréchal de France.
De Contade , il eft vrai , les talens , la valeur ,
Les hauts faits fi vantés dans les champs de l'honneur ,
La voix des Généraux & celle de l'armée
Préfagèrent d'abord fa grande renommée.

Duras & Chatelus , qu'au milieu des combats
Prodigues de leurs vies , admiroient nos foldats !
Vos actions gravées au Temple de Mémoire
Aux fièçles à venir porteront votre gloire.

Après tous ces Guerriers, dont tu fuivis les pas ,
Rochambeau, tu parais ! & ne leur cede pas.
Rochambeau ton nom feul eft un cri de victoire !
Il eft déja célèbre aux faftes de l'Hiftoire.
Rochambeau, qui, bouillant d'accroître fes lauriers,
Chez les Américains conduifant nos Guerriers,
Chéri de fes foldats, vole, au gré de la France,
De l'Amérique enfin fixer l'indépendance.

―――――――――――――――――――――――――――――

(1) Le Marquis de Champagne , ancien Colonel du Régiment
d'Auvergne.

Sous lui (1), fous Washington, fous Bouillé (2), fous
d'Eftaing (3),

» Ainfi que fous Crillon (4), de vaincre on eft certain.

Rochambeau nous quitta. Champagne obtint l'attache

Qui le fit Colonel d'Auvergne, dit fans tache.

Champagne méritoit par fes faits glorieux

D'être l'ame d'un corps célèbre en tant de lieux.

Entre tous ces héros, tous nés pour la victoire,

Tu t'avances, d'Affas, précédé de ta gloire !

---

(1) MM. de Rochambeau & Washington, le 19 Octobre 1781
firent prifonniers de Guerre 8000 Anglois compofant l'armée du
Lord Cornwalis. M. de la Fayette étoit un de nos Officiers Généraux.

(2) M. le Marquis de Bouillé, Gouverneur des Ifles du Vent,
reprit le 26 Novembre 1781, avec moins de 400 hommes, l'Ifle &
la place de Saint-Euftache, dont la garnifon confiftoit en 700 hommes, &c.

(3) Le 4 Juillet 1779, M. le Comte d'Eftaing prit d'affaut le
Fort de la Grenade, défendu par 118 pieces d'artillerie & 780
Anglois. Le 6, M d'Eftaing battit & difperfa, avec 15 Vaiffeaux,
la Flotte de l'Amiral Biron, compofée de 21 Vaiffeaux de lignes,
&c.

(4) En 1646, M. de Crillon, notre Lieutenant-Colonel, fut
bleffé à la prife de Portolongone. (Voyez les Notes.)

Le 4 Février 1782, M. de Crillon a fait prifonniers de guerre
2648 Anglois, & le Général Murrai, Commandant du Fort Saint-
Philippe, défendu par 306 pieces de canon & 43 mortiers. La place
fut rendue après 29 jours de fiége.

A iv

Rochambeau d'une main te préfente la Croix
Qu'à la feule bravoure ont accordé nos Rois ;
Et de l'autre tenant des Guerriers la couronne,
Au nom de tout l'Etat t'en ceint, & te la donne.
Si Cloftercamp t'eût vu furvivre à ta valeur
D'Affas ! tu porterois ces deux marques d'honneur.
Mufes, je vous invoque ! élevez mon génie,
Ajoutez aux tranfports dont mon ame eft faifie ;
Quel fujet à traiter ! le pourrai-je ? . . . mon cœur
Pénétré comme il eft, voudroit avec grandeur
De ce fait étonnant, de d'Affas qu'on admire
Vous retracer l'hiftoire, & toujours la redire.

  Effayons. Oppofons d'Affas à Curtius (a).
 On préjuge déja qui mérite le plus.
 S'il ne falloit qu'agir fous un ordre fuprême.
Je volerois alors. Nous fommes tous de même.
Oui, quelque foit fon grade, il n'eft point de Guerrier,
Point de Soldat François pour lequel un laurier
Cueilli dans un combat, fût-ce au prix de fa vie,
Ne foit affez payé s'il meurt pour fa Patrie.

 Toi, Chantre des Héros, Voltaire ! en ces momens
Raconte-moi les faits de tous nos Régimens ?

(a) Quintus-Curtius, Chevalier Romain.
La terre s'étant entr'ouverte dans une place de Rome, l'Oracle
dit que le gouffre ne pouvoit être comblé qu'en y jettant ce que le
Peuple Romain avoit de plus précieux. Curtius fe précipita dans
cet abîme avec fes armes & fon cheval.
La Fable ajoute que la terre fe referma enfuite.

Non . . . . . Auvergne dira tout ce qu'ils ont sçû faire.
Auvergne de leurs faftes eft le dépofitaire.

De ces faftes, François ! voici les mots facrés ;
A mourir pour nos Rois nous fommes dévoués.
Tu le prouvas d'Affas. Tu fis tout pour la gloire,
Tu vainquis, tu mourus, au fein de la victoire,
Dans cette affreufe nuit où nos braves François,
Sans témoins, que l'honneur, te dûrent leur fuccès.

Parlons de Cloftercamp. C'eft-là que notre armée
Sous les ordres de Caftres alors étoit campée.
Bearn & Normandie, Alface, dit Royal,
Ces braves Régimens tous d'un courage égal,
A leurs poftes fixés, attendent en filence
Soit de jour ou de nuit que le combat commence.

On fait que dans les Camps le pofte de l'honneur,
Eft la Garde avancée, où la feule valeur,
Comptable envers l'Etat du falut de l'armée
A furveiller pour elle eft toujours animée.
» C'eft-là que, s'épuifant en peines, en travaux,
» Le devoir & l'honneur défendent le repos.

Ce pofte, parmi nous, chacun l'ambitionne ;
Par honneur à chacun tour-à-tour on le donne ;
Sans cette fage loi, les chefs & les foldats,
Avides de dangers, y porteroient leurs pas.

Auvergne étoit de garde au pofte d'avancée ;
Lui feul il répondoit du falut de l'armée.
D'Affas étoit le chef de nos hardis Chaffeurs
Du fuccès des combats certains avant-coureurs.

D'Affas veilloit pour tous ; & *de Caftres* en filence
Contre nos ennemis affuroit la défenfe.

Je touche à ce moment de regrets, de douleur !
Que dis-je ? . . . des regrets ! . . . mourant au lit d'honneur
D'Affas eft un Héros qui furvit à lui-même.

S'il vous falloit, Guerriers, un exemple fuprême,
La France vous diroit. . . « Mes fils, voyez d'Affas !
» Honorez les Romains ; mais marchez fur fes pas.
L'intrépide d'Affas, dans la nuit la plus fombre
Epioit, écoutoit ; &, fans craindre le nombre,
Pour s'affurer de tout il devançoit les fiens,
Voulant, de triompher, leur donner les moyens.
» Ce Héros ignoroit qu'un perfide, un transfuge,
» Auprès de l'ennemi, pour trouver un refuge,
» L'avoit inftruit de tout, & défigné l'endroit
» Où, dans l'obfcure nuit, d'Affas commanderoit.

Soldats ? raffurons-nous, aucune Ville en France
A ce vil inconnu n'avoit donné naiffance.

On fuit cet avis fûr. D'Affas étoit connu.
Par lui feul l'Ennemi craint d'être prévenu.

Le Chevalier François, que nul danger n'étonne,
Loin d'Auvergne, un inftant, trop avant s'abandonne.

De l'Armée ennemie, un gros exprès pofté
Se jette fur d'Affas, & le tient arrêté.
» *Si tu parles, tu meurs*, . . . mon Héros peu furpris,
» *A moi, Chaffeurs*, tirez, *ce font les Ennemis*.

Ton trépas à jamais éternife ta gloire,
D'Affas ! & ta bravoure enchaîne la Victoire.

Je les entends encore, & vous auffi Soldats,
Ces mots, ces derniers mots qu'a prononcé d'Affas ;
Ce fignal d'un combat, la gloire de nos armes,
Que les fiecles futurs honoreront de larmes.

Ce combat fut affreux. Comment peindre l'ardeur
Du Soldat ?... dans chacun tu trouvas un vengeur
Qui, dans chaque ennemi, voyant l'auteur d'un crime,
A tes mânes errantes immoloit fa victime.

Nos François affamés de carnage & de fang,
Malgré la fombre nuit, voloient de rang en rang,
Et fe multipliant en valeur, en courage,
Partout portoient la mort pour affouvir leur rage.
Que de fang a coulé pour venger ce Héros !
Guerre cruelle, hélas ! que tu caufes de maux !

« Vous, Habitans heureux de nos paifibles Villes,
» Qui coulez à loifir des jours doux & tranquilles,
» Qui, peut-être, ignorez jufqu'au nom de d'Affas ;
» Vous devez aux Guerriers des douceurs qu'ils n'ont pas :
» C'eft au prix de leur fang, & c'eft par leur vaillance,
» Que dans l'oifiveté vous trouvez l'abondance.
» Contre vos ennemis ils gardent vos remparts ;
» Vous prodiguent leur vie au milieu des hafards.
» Pour vous, dans cet inftant, ils bravent les tempêtes (a) ;
» C'eft vous qui recueillez les fruits de leurs conquêtes.

(a) Sans le départ du Régiment pour l'Amérique, cette piece eût paru avant la fin de la guerre.

Vous, Soldats; vous auſſi, braves Officiers;
Sachez comment Louis honore ſes Guerriers.

Quand il ſut que d'Aſſas aux champs de Germanie
S'étoit ſacrifié pour ſervir ſa patrie :
Père de ſes ſujets, Louis ne rougit pas
D'honorer de ſes pleurs les mânes de d'Aſſas !
Quel autre prix, Héros ? faut-il à ta mémoire,
Quand ton Roi daigne encore ajouter à ta gloire !

Dignes de notre amour, dans tous les temps nos Rois
Ont fait naître, ont connu, ont payé les exploits.

AVANT-PROPOS.

Un Corps qui, depuis près de deux siècles, a, sans interruption, servi l'État, peut-il espérer des bontés de nos Rois? Peut-il prétendre à la reconnoissance des Peuples?

C'est à la Nation à en juger par les faits. Il est à desirer que l'Histoire de chaque Régiment, dont aucun n'a jamais manqué dans l'occasion, ait plus de publicité.

A peine les Soldats de chaque Corps ont-ils connoissance d'une ou deux actions qui l'illustrent. Est-il un seul Régiment qui n'en puisse citer un grand nombre?

Quel motif plus puissant pour

l'entretien raifonné de cet efprit de corps qui, dirigé vers fon but, changeroit la bravoure foldatefque en vraie valeur, & conferveroit à l'État nombre de braves gens que de faux principes égarent.

Quiconque croiroit que le Soldat, pris généralement, n'eft pas un être penfant, fe tromperoit fort.

Combien de jeunes Gens de famille dans tous nos Corps! Combien leur manière d'être n'influe-t-elle pas fur la maffe inférieure? Toute affertion contraire feroit abfolument fauffe.

Pourquoi dérober à cette dernière partie des connoiffances qui lui deviendroient un amufement utile dans les garnifons?

Peut-on trop leur mettre fous les

yeux les exemples de plusieurs de leurs Camarades qui, par leurs actions & leur bonne conduite, ont mérité d'être faits Officiers ?

L'honneur sera toujours le mobile du François. Ce principe bien inculqué dans l'ame du dernier Recru élevera ses sentimens. Il n'en sera pas un seul qui n'ambitionne, qui ne s'efforce par sa conduite, de mériter l'honneur d'être fait Grenadier. Ceux que des circonstances forcées empêcheront d'y parvenir, sauront, au moins, que leurs Officiers, leurs Camarades, les regardent dignes de l'être : cela suffit.

Ces réflexions, d'après ce que j'ai vu par moi-même, m'ont décidé à extraire l'Ouvrage de M. de Roussel, pour faire connoître au Public le

Régiment d'Auvergne, & à tous ceux qui le composent, quel Nom ils ont à soutenir, quels modèles ils doivent suivre !

NOTES HISTORIQUES

SUR LE RÉGIMENT D'AUVERGNE.

Arverne nulli cedis in armis.

Sidonius Appollinaris

A pas un Régiment, Auvergne ne le cède.

C E Régiment eſt un des plus anciens que nous ayons.

Sa création remonte au 6 Mars 1597; il portoit alors le nom de Dubourg-l'Eſpinaſſe, ſon premier Meſtre - de - Camp, qui le leva.

Ce Corps fut ſucceſſivement licencié & rétabli depuis 1598, juſqu'en Mai 1616.

Il faut obſerver que, même dans les

B

années où il fut licencié, la Compagnie de la Meſtre-de-Camp fut toujours conſervée ; le Régiment exiſtoit donc, ſoit en plus ou moins de Compagnies.

Il fut remis ſur pied le 27 Août 1616.

C'eſt le 15 Septembre 1635, que lui fut donné, par ordre, le nom de la Province d'Auvergne ; & permis de porter le drapeau blanc, comme faiſoient les vieux Corps.

Il ſeroit trop long de rapporter ici les noms des différents titulaires qui le commandèrent depuis ſa création. L'hiſtoire de ce Régiment a été écrite par M. de Rouſſel : on peut y avoir recours.

Il ſuffit de dire que ce Régiment a été le berceau de nombre de grands hommes ; que pluſieurs de ſes Officiers ſont parvenus aux plus hauts grades militaires.

Ce Corps, depuis ſa création, fut employé utilement dans toutes les guerres que la France eut à ſoutenir ; même dans des expéditions lointaines : choſe éton-

nante, *il ne perdit jamais de Drapeau!*
Ce qui a mérité au Régiment le surnom,
d'*Invicta Legio.*

En 1597, Auvergne se trouva au
siège d'Amiens, contribua à la conquête
de la Savoye.

Aux sièges de Chamberry, & Mont-
melliant en 1600.

Dans cette guerre, deux cents soldats
d'Auvergne, commandés par le Baron
Dubourg - l'Espinasse, leur Mestre - de-
Camp, furent attaqués par quatre cents
chevaux : le Baron Dubourg se retrancha
derrière une muraille; il ne put être
forcé. Henri IV vint à son secours; l'ennemi se retira.

Le Régiment servit depuis 1602,
jusqu'en 1620, dans les Provinces de
Bresse, du Lyonnois, & à l'armée de
Guyenne; fit le siège de Monheur en
1621.

Les années suivantes, il fut employé
à l'expédition de l'Isle de Rhé, aux

fièges de Royan, Negrepliffe, Saint-Antoine, Lunel, & Montpellier.

On lui confia en 1627 la défenfe de la fameufe digue que Louis XIII avoit fait élever pour foumettre la Rochelle.

Le Régiment fe diftingua en 1629 & 1630, à l'attaque du Pas de Suze, & des retranchements du Pont de Carignan.

Ce Corps fit les campagnes de 1639, 1640, 1641.

Un détachement, qu'il fournit en 1642 pour le fiège du Château de Tortonne, s'y couvrit de gloire.

Il fit le fiège de Trin en 1643.

Auvergne fe diftingua aux fièges de Sant-Y-A & de Vigevant, en 1644 & 1645; la même année, contribua à la défaite des ennemis au paffage de la Mora; eut beaucoup de part à la prife de Portolongone en 1646. M. de Crillon, Lieutenant-Colonel, y fut bleffé.

Le Régiment fut peu employé dans

les campagnes fuivantes : on l'envoya
cependant, tant en Piémont qu'en Ca-
talogne, qu'il quitta en 1654 pour fui-
vre le Duc de Guife à Naples.

Il fit le fiège de Pavie en 1655 ; celui
de Valence en 1656 ; ouvrit la tranchée
à fon attaque la nuit du 4 au 5 Juillet ;
la releva le 11 ; fit des prodiges de valeur à l'affaut donné le 31 Août au Baf-
tion de l'Annonciade.

Auvergne fervit fans difcontinuer jufqu'à la paix des Pyrennés, & rentra en
France en 1659.

Envoyé en Hongrie en 1664, il contribua au gain de la bataille de Saint-
Godard, & partagea, à jufte titre, la
gloire de cette journée, dans laquelle
les Turcs perdirent 16000 hommes.

» Louis XIV, voulant donner au
» Régiment d'Auvergne des preuves de
» fa fatisfaction à l'occafion de cette
» affaire, au fuccès de laquelle il eut la

» plus grande part, combla de graces
» tous les Officiers, & accorda au Lieu-
» tenant-Colonel une penſion de 150
» livres, reverſible ſur tous ſes ſuc-
» ceſſeurs ».

Le Régiment fit partie des troupes que le Roi aſſembla en 1666 entre Mouchy & Compiegne.

Forma en 1667 une des quatre Brigades que Sa Majeſté conduiſit dans les Pays-Bas ; fit le ſiège de Lille. « Le Duc « de Chevreuſe, ſon Colonel, y fut » bleſſé ».

Il ſe trouva au ſiège de Wezel en 1672 ; la ville capitula : Auvergne emporta lui ſeul la Citadelle.

Les Campagnes de 1673, 1674, furent pour le Régiment la courſe de Hollande, le ſiège de Maſtricht, la bataille de Séneff.

Il ſervit en 1675, 1676, à l'armée d'Allemagne ; retourna à celle de Flandres en 1677 ; contribua à la réduction

de Valenciennes; ſes Grenadiers ſe diſ-
tinguèrent à l'attaque de la Contreſcarpe.

Envoyé ſur la Moſelle à la fin de la
campagne, il y reſta juſqu'à la paix de
Nimègue en 1678.

Le Régiment partit pour la Flandre
en 1683; entra dans Courtray après ſa
priſe.

Il monta les tranchées des 11 & 16
Mai 1684 au ſiège de Luxembourg;
perfectionna, à la tranchée du 29, les
logements de la contre-garde; trois
jours après la ville ſe rendit.

Il ſe diſtingua au ſiège de Philisbourg
en 1688 : l'attaque de la Contreſcarpe
d'une redoute, couvrit de gloire ſes
Grenadiers; la nuit du 13 au 14 Octobre
les ennemis firent une ſortie : M. de
Catinat, Officier Général, ſe préſenta
avec tous les Officiers du Régiment,
attaqua l'ennemi, lui reprit un poſte dont
il s'étoit emparé, & s'y maintint; la
Ville ne tint que juſqu'au 29.

'Auvergne fut employé fur le Rhin en 1689, fur la Mofelle en 1690; joignit l'armée de Flandre au mois de Juin , & fe trouva à l'attaque & défaite des alliés, à Fleurus , fous les ordres du Maréchal de Luxembourg.

Il fervit avec diftinction au fiège de Mons en 1691 ; à ceux des Ville & Château de Namur en 1692; fit fur le Rhin les campagnes de 1693 , & 1694, paffa à l'armée de Piémont en 1695 ; commença le fiège de Valence en 1696 ; revint en France avec toutes les troupes, après que la neutralité de l'Italie fut acceptée par l'Empereur & le Roi d'Efpagne.

Nous venons de parcourir le premier fiècle d'honneur du Régiment d'Auvergne, paffons au fecond; on ne le verra pas dégénérer.

Le premier Septembre 1701 , Auvergne fe trouva à l'attaque du Bourg de Chiary, où étoient retranchés les Impériaux.

Un détachement du Corps étoit en 1702 dans Crémone, lorfque le Prince Eugène furprit cette Ville : ce détachement contribua au falut de la Garnifon.

Il fe trouva en 1703 à toutes les opérations du Duc de Vendôme ; pénétra dans le Trentin ; força le paffage des montagnes le 26 Juillet ; prit Bercello , Nago , Orgo ; & bombarda Trente.

Après avoir gardé les lignes du Montferrat, Auvergne joignit le 10 Août 1704 l'armée à Yvrée ; la tranchée s'ouvrit le 3 Septembre ; le 7, deux compagnies de Grenadiers attaquèrent , emportèrent un ouvrage avancé : la Ville capitula.

Au fiège de Verrue , Auvergne fut chargé le 29 Octobre de l'attaque de la gauche du Fort de Guerbignan ; il l'emporta , & s'y logea.

Le nommé Cabaret, Soldat de la compagnie de Saint-Lambert, y fut fait Officier par M. de Vendôme : « il avoit arraché des mains » de l'ennemi, un fauciſſon auquel » on alloit mettre le feu ».

Le Roi témoigna combien il étoit content de la façon dont Auvergne s'étoit comporté pendant ce ſiège.

Le Régiment ſe rendit à l'armée de Lombardie en Juillet 1705 ; M. de Vendôme y arriva le 14 ; le 20, il fut reconnoître le poſte des treize Navilles, ſitué entre ſon camp & Zénivolta : (le Grand Prieur en avoit été depoſté la veille par les Impériaux) un piquet de Cavalerie, & ſix compagnies de Grenadiers, à la tête deſquelles étoit celle d'Auvergne, faiſoient l'eſcorte de M. le Duc de Vendôme ; il arriva à ſix heures du ſoir devant les ennemis ; ils étoient cinq cents hommes : M. de Reppe, Capitaine, les attaqua, força les premiers poftes ; qui , fe repliant toujours, tinrent ferme aux deux derniers ponts : M. de Reppe, impatient, fe jetta à l'eau, criant ; *à moi Grenadiers d'Auvergne* , tous le fuivirent : l'ennemi abandonna fes retranchements , perdit beaucoup de monde. M. de Reppe & trois cents hommes, eurent cet avantage.

La bataille de Caffano, qui fuivit cette affaire, fit également honneur au Régiment.

Il fe diftingua beaucoup à la fin de cette campagne , lors de l'attaque des retranchements des Impériaux.

Auvergne, toujours le même , eut la plus grande part au gain de la bataille du Bourg de Calcinato en 1706 ; M. le Duc de Vendôme y commandoit.

Le 27 Juillet 1706, le Régiment entra dans les lignes de Turin, dont M. de la Feuillade faifoit le fiège.

Le 12 Octobre 1707 , il contribua

par fa bravoure à la reddition de Lérida, jufqu'alors l'éceuil des plus grands Capitaines.

Au fiège de Tortofe, Auvergne campoit dans un vallon à la queue de la tranchée : M. d'Asfeld obferva au Duc d'Orléans combien cette pofition étoit mauvaife : *je le fais*, répond ce Prince, *mais je l'ai donné au Régiment d'Auvergne, il la rendra bonne ;* la place capitula.

Le Duc de Vendôme fut envoyé en 1710 au fecours de Philippe V ; M. de Vendôme demanda le Régiment d'Auvergne.

Je ne connois, difoit un jour ce Prince , *qu'une façon de faire fuir Auvergne ; c'eft de battre la Meffe :* il faifoit allufion au grand nombre d'Officiers & Soldats Proteftants, qui compofoient ce Corps.

Auvergne fervit avec la plus grande diftinction aux fièges de Géronnes, de

Vénafque & de Cardonne, ainfi qu'à celui de Barcelonne en 1714.

Il fut employé en 1720 à former la ligne le long du Rhône, depuis Beaucaire, jufqu'à Tournon, pendant que la pefte ravageoit la Provence ; la ligne levée en 1722, le Corps fit différentes courfes jufqu'en 1733.

En 1733 , les fatigues des travaux de Metz réduifirent huit cents Soldats aux hôpitaux. Le Miniftre, M. d'Argenvillier, ne deftinoit, par cette raifon, le Régiment à aucune des deux armées d'Allemagne ou d'Italie : le Corps , affligé de l'inaction dans laquelle on vouloit le laiffer, députe à la Cour le Marquis de Clermont, Capitaine. Le Marquis de Maillebois, depuis Maréchal de France, charge M. de Clermont d'une lettre pour le Miniftre. Cette lettre finiffoit ainfi : *Vous favez, Monfeigneur, qu'un Régiment, tel que celui d'Auvergne, décide fouvent du gain d'une bataille.*

L'ordre est expédié ; Auvergne part ; il contribua à la capitulation des Places de Gera , d'Adda , & de Pizzighitone : la première se rendit le 30 Novembre, l'autre le 9 Décembre ; il marcha ensuite au siège de Milan & de son Château , qui se rendirent le 30 Décembre.

En 1734 , près du village de Martinara , le Roi de Sardaigne & le Maréchal de Villars , precédés d'une troupe des Gardes du Prince , tombent dans un détachement des Impériaux , qui les enveloppe , & fait feu sur eux ; les Gardes sont culbutés ; le Roi & le Maréchal étoient pris , sans deux compagnies de Grenadiers d'Auvergne : elles accourent ; chargent les ennemis ; leur tuent cinquante hommes ; font trente prisonniers ; sauvent le Roi & le Maréchal.

Le 15 Septembre , cinquante hommes , commandés par M. de Gévaudan , sauvèrent le Maréchal de Broglie , lorsque le Comte de Konisseck passa la Sec-

chia avec un coprs de dix mille hommes. M. de Gévaudan, voyant qu'il alloit
être accablé par le nombre, renvoya
son Enseigne avec quelques hommes.
M. d'Ormoy s'enveloppe de son Drapeau, passe au travers des ennemis, re-
joint son Corps : le détachement de
M. de Gévaudan fut presque tout tué;
lui-même fut blessé & pris.

Toutes les affaires, auxquelles le Régiment se trouva dans le cours de cette
année, ajoutèrent à sa gloire : il y mit
le comble à la bataille de Guastalla ; le
Marquis de Contades, son Colonel, aujourd'hui Maréchal de France, y fit des
prodiges; il s'étoit, auparavant, montré
digne de commander un jour Auvergne.

Je ne puis taire ce qu'a dit de ce Corps
le Roi de Sardaigne.

Ce Prince, traversant le champ de
bataille, (pendant laquelle il s'étoit
montré par - tout) & appercevant le
terrein sur lequel le Régiment avoit com-

battu, jonché d'uniformes violets; dit, en se retournant vers le Maréchal de Coigny: *il ne nous reste donc plus de ces braves gens ?* Voyez, SIRE, répond le Maréchal, en lui faisant jetter les yeux sur la plaine, *voici leurs débris, qui battent encore vos ennemis.*

Eh ! quoi, reprit le Roi, *préten-dent-ils seuls détrôner l'Empereur.*

Sur le champ Sa Majesté pique des deux ; joint le Régiment ; lui fait faire halte ; vante sa bravoure, & distribue des marques de satisfaction.

Cette sanglante affaire réduisit le Régiment à quatre cents hommes.

Les années 1735, 1736, 1737, n'offrirent rien de bien intéressant.

Auvergne, & quatre autres Régiments s'embarquèrent à Antibes au mois de Janvier 1738 ; ils arrivèrent en Corse le 5 Février.

On sait comment ce Corps, & ceux qui

qui ont fait cette guerre, s'y font comportés : M. de Vaux, Capitaine au Régiment, aujourd'hui Maréchal de France, y a fait preuve de la plus grande bravoure.

Le Régiment repaſſa en France le 23 Juin 1741.

Suivons encore l'infatigable Auvergne pendant la guerre de 1741, juſqu'à la paix de 1742.

Le 20 Mai 1742, Auvergne joignit, à *Sédélitz*, l'armée aux ordres du Maréchal de Broglie ; le 24, ſes Grenadiers eurent bonne part à l'affaire qui décida la levée du ſiège du Château de Frawemberg, devant lequel étoient les ennemis.

Le ſurplus du Régiment, qui, pendant la bataille, bordoit un chemin creux, à droite de la plaine, y eſſuya un feu vigoureux.

C

Le Prince Charles affiégeoit Pragues àvec plus de foixante mille hommes effectifs. Les Maréchaux de Broglie & de Belle-Ifle n'avoient, au plus, que vingt cinq mille hommes, compris les Milices.

La fortie que nous fimes le 22 Août, en plein jour, peut être appellée un combat.

Le Duc de Biron, aujourd'hui Maré-chal de France, & le Comte Danois y commandoient la colonne gauche ; la Brigade d'Auvergne en faifoit partie : l'attaque fut terrible ; on s'empara d'une batterie de canon, partie fut enclouée, l'autre enlevée : le Général Monty fut pris ; les travaux comblés; les ennemis chaffés de leurs tranchées : Auvergne emporta, l'épée à la main, une redoute, qui décida du fuccès de l'attaque.

Une compagnie de Grenadiers, & cinquante Fufiliers d'Auvergne, eurent encore l'avantage à la fortie du 14 Septembre.

Le siège de Pragues se leva ; on reserra la Ville de nouveau. M. de Cheverd, qui y commandoit, obtint le 26 Décembre une capitulation honorable.

M. de Vaux, dont il a été parlé, se distingua beaucoup dans ces affaires.

Dans la lettre que le Maréchal de Noailles écrivit au Roi, après l'affaire de Dettinguen en 1743, il dit : *nous avons emmené une pièce de canon des ennemis, qui a été prise par le Régiment d'Auvergne, dont on ne peut dire assez de bien à votre Majesté.* Le Duc de Duras, aujourd'hui Maréchal de France, étoit alors Colonel du Régiment.

Dans une lettre de M. le Prince de Dombes à M. d'Argenson, après avoir parlé du Régiment : *M. le Duc de Duras, son Colonel, s'y est comporté à son ordinaire, c'est-à-dire, tout au mieux.*

Le Roi vint lui-même commander l'armée de Flandres en 1744 : Louis XV.

arriva à Douay ; Auvergne fervit à fa garde.

Il fut envoyé à Lifle, menacée par les ennemis.

Je touche à l'époque de la fameufe bataille de Fontenoy : Auvergne s'y montra digne de fon furnom : le. Régiment & la Brigade de Tourraine remplacèrent celles de Normandie & de Rumignies, que l'on tira pour foutenir les Irlandois.

La victoire chancelloit ; Auvergne reçut ordre de quitter fon pofte ; il vole au champ de bataille ; l'ennemi n'y eft déjà plus.

Tout le Corps Militaire fe rappellera toujours, avec enthoufiafme, la gloire dont s'eft couverte la Maifon du Roi à cette fanglante affaire.

Tournay, que l'armée affiégeoit fe rendit le 23 Mai ; la Citadelle en avoit fait autant la nuit du 18 au 19.

Auvergne monta fa première tranchée

le 2 Mai, la releva à son tour ; ses Grenadiers la montèrent neuf fois.

Ce fut là où le Comte de Chatelus remplaça le Duc de Duras, qui fut fait Maréchal de Camp.

Le Régiment fit les sièges de Dendermonde & d'Ath, qui finirent la campagne.

Auvergne joignit en 1746, au commencement de Mai, l'armée près de Bruxelles ; le 6 il marcha vers Louvain, le 15 sur Malines, sous les ordres du Prince de Soubise. Malines ouvrit ses portes. Anvers fut investi : Auvergne fit partie des troupes assiégeantes ; la ville fut prise ; Mons, Charleroy, Namur le furent également.

On se joint à Rocoux. Le gain de la bataille dépendoit de la prise du Village qui donna son nom à l'affaire : Navarre & Auvergne sont chargés du centre de l'attaque : les Brigades de Royal & de l'Isle avoient la droite ; elles s'avancent ;

le canon à cartouche, la moufqueterie ennemie les foudroïent : Auvergne entre dans un verger, s'empare d'une batterie de canon, l'avantage fe décide : on emporte deux redoutes l'épée à la main.

M. de Caftaignos en attaque une troi-fieme à la tête de fes Grenadiers. Le fieur Vauchoux, fon Sergent, fe jette le premier dans l'Ouvrage; on s'en rend maître. Le fieur Camatte, alors Grena-dier, s'étoit jetté, à la première attaque, au centre des Ennemis, & leur avoit enlevé un Drapeau au milieu de leurs Bataillons. M. Vauchoux fut fait Offi-cier. M. Camatte eft Porte-Drapeau.

Avant qu'Auvergne attaqua Ro-coux, l'Aumônier lui faifoit fon exhortation, trop longue pour l'inftant. M. de Chaumouroux, Lieutenant-Colonel, impatient, l'interrompt & dit : *Soldats ? M. l'Abbé veut vous dire qu'il n'y a pas*

de salut pour les tâches ; & crie :
Vive le Roi.

Le Marquis de Contades , chargé en 1746 par le Maréchal de Saxe, du commandement des Troupes deſtinées à la conquête de la Flandre Hollan-doiſe , & dont Auvergne faiſoit partie, ſe met en mouvement du 15 au 20 Avril. Le 24 il prend le Fort de la Perle ; le 25 celui de Liefkenshoeck.

Le 26 M. de Chaumouroux , déja nommé, déja connu, fut chargé par le Marquis de Contades de l'attaque du grand & du petit Kykuit. Ses Grena-diers , & trois autres Compagnies le ſuivent ; on attaque. Barrières, paliſſa-des , retranchement, rien n'arrête. On ſe jette dans le chemin couvert, on arrive au corps de la place ; on s'en rend maître.

M. de Chaumouroux , âgé de

foixante ans, s'élance le premier
dans le chemin couvert, ébranle
la première paliffade, eft bleffé
d'un coup de fufil.

Quels Chefs ! quels Soldats !

Jofeph Renard, de Bagnolles en
Languedoc, Grenadier de la Compagnie de Julien, fut bleffé à mort près
des barrières. Deux de fes camarades
veulent le fecourir ; il leur dit : *Retour-
nez, mes amis, je vais mourir ; vous me
fervirez mieux en me donnant la confola-
tion de vous voir vaincre.*

Le 5 Mai, M. Julien à la tête de
nos Compagnies de Grenadiers, fou-
tenues de trois de fes piquets, attaqua
le Fort de Zandberg, qui couvroit
Hulft. Les Ennemis perdirent 300 hommes ; le Fort fe rendit : M. Julien s'y
couvrit de gloire.

L'Officier Général commandant

tranchée, faifoit avant l'attaque, à M.
Julien, une inftruction longue & dé-
taillée fur la manière dont ce brave
Capitaine devoit diriger fon opération.
M. Julien l'interrompt, & lui dit : *Je
vous entends. Il faut vaincre ; c'eft, je
crois, tout ce que vous voulez me dire ; je
le ferai.*

Auvergne contribua aux fuccès
de M. de Contades, qui fe rendit
fucceffivement maître de fept Forts
devant quelques-uns defquels Vau-
ban avoit échoué.

Cet ancien Colonel d'Auvergne
devoit toujours contribuer à fa
gloire.

Ainfi fut conquife en moins d'un mois
la Flandre Hollandoife.

Le 2 Juin 1747 fe donna la bataille
de Tongres.

Auvergne ne pût y avoir part. La

miſſion qu'il eut à remplir lui fut au moins auſſi honorable.

Auvergne étoit connu. Il fut placé, avec d'autres Brigades, ſur la hauteur d'Herderen pour garder la perſonne du Roi.

La Campagne de 1748 s'ouvrit par le ſiége de Maeſtricht. Auvergne y monta deux fois la tranchée. Le 4 Mai on fit l'attaque d'une flêche qui étoit en avant du chemin couvert. Les Grenadiers marchent à l'Ouvrage, chaſſent l'Ennemi à coups de bayonnettes, le pourſuivent juſqu'au corps de la place; la flêche eſt emportée.

On s'y réunit. L'Ennemi met le feu à une mine; l'Ouvrage & partie de nos gens ſautent : l'autre ſe maintient ſur les ruines juſqu'au lendemain matin malgré le feu de l'Ennemi. Maeſtricht ſe rend deux jours après.

Les places conquiſes ſont rendues en 1749 ; la paix ſe fait.

Suivons toujours Auvergne depuis 1757 jufqu'à la paix de 1762.

Le 10 Août 1757, Auvergne arriva à Caffel après foixante-douze jours de marche, & le 23 à Hanovre. Le refte de cette campagne n'eut rien de remarquable pour le Régiment.

Le 3 Mars 1758, deux Compagnies des Grenadiers d'Auvergne fe trouvèrent à la fâcheufe rencontre d'Hammelspring; ils s'y firent tailler en pieces. Le brave M. de Vauchoux, Lieutenant, y fut tué.

Le mois de Juin fuivant, le Régiment fe trouva à la bataille de Crevelt.

C'eft à la fin de cette Campagne que M. le Comte de Rochambeau fut nommé Colonel d'Auvergne.

Le Régiment partit de Cologne le 14 Mai 1759, & campa le 3 Juin à

Néiderweimar, où l'armée s'assembla.

Détaché le 18 avec une Brigade de Cavalerie, aux ordres de M. de Saint-Germain, il campa à Multoven.

Les marches savamment combinées de M. le Maréchal de Contades, opérèrent la conquête de la Hesse, la prise de Munster, & firent investir Leipstat.

On sait comment Auvergne se comporta à la bataille de Minden; ainsi que deux Compagnies de ses Chasseurs à l'escarmouche d'Hamelen; & combien la division de M. de Saint-Germain, dont les Brigades d'Auvergne faisoient partie, protégèrent la retraite de l'Armée.

Les suites de ces dispositions, peut-être plus avantageuses que le gain d'une bataille, firent un honneur infini à M. de Saint-Germain & à M. de Rochambeau, qui le seconda parfaitement.

Les Brigades d'Auvergne furent placées au soutien d'autres , à la bataille de Corback, en 1760.

L'affaire d'Eiffemberck, où commandoit M. de Stainville, aujourd'hui Maréchal de France, peut faire honneur au Régiment. On prit aux Ennemis neuf pieces de canons & leurs équipages : le Général Ferfen y fut tué.

M. de Rochambeau avoit si bien manœuvré la veille de cette affaire, qu'avec dix-huit cents hommes, dont six cents d'Auvergne, il avoit retardé la marche de M. de Ferfen, qui avoit un Corps de 6000 hommes.

Le 4 Octobre de la même année, Auvergne partit de Wildungen, se rendit le 13 à Neuff, où M. de Caftries prit le commandement des Troupes.

Les préliminaires de la bataille de Cloftercamp donnèrent lieu à plufieurs efcarmouches. Il étoit effentiel d'y conferver l'avantage.

Auvergne étoit par-tout. M. de Rochambeau avoit tout prévu.

M. de Caftaignos, Capitaine, à la tête de 60 hommes, fe jetta au milieu des Ennemis, fit prifonnier le Capitaine Pool, Commandant un Régiment de Grenadiers Anglois; la bataille fe gagna. Les Ennemis perdirent 4000 hommes. Auvergne leur enleva une piece de canon & un étendard. Le Régiment perdit 800 Soldats, & 58 Officiers tués ou bleffés. Meffieurs de Rochambeau, Colonel, & la Bartete, Lieutenant-Colonel, furent du nombre des derniers.

Le Chevalier d'Affas, qui s'étoit porté en avant pour reconnoître, *fut faifi par une troupe de Grenadiers Anglois. On lui promet la vie s'il fe tait.* Pour toute réponfe, le Chevalier crie : *A moi, Chaffeurs, ce font les Ennemis.* Il tombe percé de coups de bayonnettes.

Un Caporal de la Compagnie de

Colleville, qui ne put joindre fa troupe que le 15 au foir veille de la bataille, s'y trouva, & reçut un coup de fufil à travers du corps. Prêt à expirer, il difoit à deux de fes camarades qui le portoient à Meurs : *Mon Dieu que je fuis heureux d'être arrivé hier au foir !*

Claude-Antoine Jacob, Caporal de la Compagnie du Chevalier de Spens, a la jambe caffée d'un coup de fufil. *Il tombe, fe traîne à une maifon voifine, s'appuye contre le mur, & recommence à fe fervir de fes armes tant qu'il lui refte de cartouches & des forces.*

Dupont, natif de Cambrai, Caporal de la Compagnie de Laborie, étoit détaché aux équipages à Meurs. Il apprend qu'on fe bat, demande à joindre fa Compagnie. *Mon Capitaine, difoit-il, eft aux Chaffeurs, la Compagnie eft fans Lieutenant, fans Sergens, fans Caporaux, elle a beaucoup de recrues qui pourroient faire quelque chofe d'indigne du Régiment d'Auvergne*. Il vole, arrive au milieu de l'action.

M. de Saint-Firmin, Capitaine, défend un débouché avec dix Soldats, le reste de sa Compagnie ; une colonne s'avance sur lui, il tient ferme, se fait tuer sur la place avec les siens. Les Ennemis en parloient avec enthousiasme.

En défilant, quelques Soldats se disoient : *Voilà nos pauvres Camarades*; Eh bien, reprit M. Poitevin, *pourquoi les plaignez-vous ? ils ont battu les Ennemis du Roi, sont morts les armes à la main : ne sont-ils pas heureux?*

M. Poitevin étoit alors Sergent, depuis Porte-Drapeau. Il fut chargé de faire enterrer les morts.

Auvergne, presque détruit, voulut continuer ses services. Il refusa de passer en France pour y prendre du repos.

Il partit de Dusseldorp le 14 Février 1761, & contribua à la pénible,

mais

mais glorieuse expédition, dans laquelle le Maréchal de Broglie força les Alliés à lever les siéges de Ziegenheim & de Caffel.

Le Chevalier de Vielcaftel, Capitaine, Commandant une Compagnie de Chaffeurs, eut beaucoup de part aux différentes actions qui rendirent mémorable le siége de la dernière place.

M. de Chaumont, Lieutenant, à la tête d'une avant-garde compofée de nos Grenadiers & Chaffeurs, fe jetta le premier dans l'ouvrage de la redoute qui défendoit le Village de Filingaufen. Secondé de nos autres troupes, il l'emporta & s'y maintint. Auvergne perdit 100 hommes de fes Grenadiers & Chaffeurs.

Le Régiment fit partie des Troupes qui ouvrirent la tranchée devant Wolfenbutel la nuit du 8 au 9 Octobre ; les quatre pieces de canon d'Auvergne, fervies fous les ordres de M. de Ville-

mejeanne, Capitaine, tirèrent toute la
journée du 10, & contribuèrent à dé-
monter la batterie ennemie. On fe pré-
para à l'affaut ; la Ville fe rendit le 11.

L'affaut commencé contre le Château
d'Amœnebourg, le foir du 21 Septembre 1762, où étoit chargé d'une fauffe
attaque un Bataillon de Grenadiers,
ayant été remis pour les fuites au lendemain, les Ennemis battirent la cha-
made. Auvergne étoit refté le plus près
de la brêche. Le Marquis de Champagne, fon Colonel, arrêta les articles
de la Capitulation.

La Garnifon, au nombre d'environ
600 hommes, fe rendit prifonnière.

Le 7 Novembre 1762, on apprit la
fignature des Préliminaires de la paix.
Toutes les Troupes repafsèrent en
France.

Le 10 Septembre 1782, Auvergne
s'embarqua pour l'Amérique. Sa defti-
nation étoit de joindre les Troupes

qui devoient être chargées de l'expédition projettée fur la Jamaïque. Au Prin-
temps de 1783, la paix fe fit. Le Régiment refta dans une inaction forcée.
Il eut ordre de repaffer en France : il
y débarqua dans le courant de Juillet
de la même année.

Les deux Bataillons dédoublés du
Régiment, & qui forment celui de *Royal
Auvergne*, dont M. le Vicomte de
Rochambeau eft Colonel, débarquèrent
en France dans le même temps. Ils
étoient depuis quatre ans à l'Ifle de
France.

*Royal Auvergne eft en garnifon à
Nancy, & Auvergne à Lille.*

F I N.